TEORÍA Y PRÁCTICA DE LA GERENCIA

Alberto Silva

Copyright © 2019 Alberto Silva Aristeguieta

All rights reserved.

ISBN-13: 978-1081840778

CONTENIDO

PRÓLOGO 5

1   LAS EMPRESAS Y LOS EMPRESARIOS 7

2   LOS GERENTES 13

3   LA ORGANIZACIÓN 39

4   LA ESTRATEGIA 49

5   LA GENTE 67

6   LA ESTRUCTURA 89

7   LA TECNOLOGÍA 95

BIBLIOGRAFÍA 99

PRÓLOGO

Estos apuntes son el producto de mis clases sobre gerencia o "management", primero en la Universidad Metropolitana de Caracas y luego en Keiser University y otras universidades del sur de la Florida.

He tratado de exponer en ellos las principales ideas sobre esta importante actividad, combinando la teoría con la práctica, pero sin entrar en muchos detalles y sin citar las numerosas referencias en las que se basan esas ideas, de manera de facilitar la lectura. Al final del trabajo se incluye una breve bibliografía, con unos pocos artículos selectos que representan al menos parte de lo mejor que se ha escrito sobre gerencia.

El texto está organizado en siete capítulos: las empresas y los empresarios, los gerentes, la organización, la estrategia, la gente, la estructura y la tecnología. No se incluyen los aspectos de finanzas, mercadeo y operaciones, por considerar que estas son funciones empresariales específicas, que ameritan un estudio separado del de las actividades fundamentales de gerencia.

1 LAS EMPRESAS Y LOS EMPRESARIOS

1.1 LAS EMPRESAS

Una empresa es una organización, integrada por elementos humanos, materiales y técnicos, que tiene el objetivo de obtener utilidades mediante su participación en el mercado de bienes y servicios.

Existen tantos tipos de empresas y tanta diversidad en sus características, que se nos hace difícil imaginarnos que pueden tener ellas en común. Las empresas van desde una pequeña tienda en un pueblo apartado hasta una gran corporación dedicada a la producción de petróleo o la fabricación de automóviles en todo el mundo.

Las empresas se pueden clasificar de acuerdo con diferentes criterios:

- La forma legal
- El tipo de actividad
- El sector económico en el que realizan su actividad
- El tamaño
- La naturaleza de la propiedad
- El ámbito de sus actividades
- La pertenencia o no a un grupo de empresas

De acuerdo con su forma legal, la mayoría de las empresas son compañías o sociedades anónimas, en las cuales las obligaciones de la empresa están garantizadas por un capital determinado y los socios están obligados solo por el monto de sus acciones. Sin embargo, existen otras formas legales, las cuales se diferencian principalmente en cuanto a las responsabilidades de sus propietarios o socios. Estas distintas formas legales varían mucho de un país a otro. En Estados Unidos, por ejemplo, aparte de las corporaciones C, o simplemente corporaciones, que son compañías o sociedades anónimas, existen las empresas de propietario único ("sole proprietor"), asociación general ("partnership"), asociación con responsabilidad limitada ("limited liability partnership"), sociedad limitada ("limited partnership"), corporación S, compañía de responsabilidad limitada ("limited liability company"), compañía de responsabilidad limitada profesional, corporación profesional y corporación sin fines de lucro.

Según el tipo de actividad que realicen, las empresas pueden clasificarse en industriales, comercializadoras y de servicio. Las empresas industriales son las que transforman materias primas para convertirlas en productos terminados de consumo individual o industrial. Las empresas comercializadoras son las que se dedican a la compra y venta de productos. Las empresas de servicios no producen ni comercializan bienes sino ofrecen sus servicios a otras empresas o al público.

También se pueden dividir las empresas de acuerdo con el sector económico en el que realizan su actividad. Así tenemos empresas agrícolas, mineras, constructoras, manufactureras, de transporte, de comunicaciones, de energía, de servicios y de tecnología, entre otras. Sin embargo, hay empresas que solamente son poseedoras o tenedoras de acciones de otras empresas, sin realizar ninguna actividad específica.

Otro criterio de clasificación de las empresas es el tamaño. El tamaño de la empresa suele definirse por el número de empleados, el volumen de ventas o la combinación de ambos factores. Así tenemos microempresas, pequeñas y medianas empresas y grandes empresas o corporaciones, aunque no existen criterios universales para diferenciar unas de otras. Las empresas más grandes han sido hasta ahora las empresas fabricantes de automóviles, las empresas petroleras y los grandes grupos o conglomerados industriales.

Podemos distinguir además las empresas de acuerdo con la naturaleza de su propiedad. Según este criterio, debemos distinguir, en principio, entre empresas de propiedad privada, empresas del Estado y empresas mixtas (en cuya propiedad participan tanto el Estado como personas o empresas privadas). Adicionalmente, las empresas privadas y las mixtas se pueden subdividir en empresas de capital cerrado (suscrito sólo por los socios) y empresas de capital abierto (aquellas cuyas acciones se ofrecen en los mercados de valores). A las empresas de capital abierto se les denomina públicas en Estados Unidos, pero en otros países se reserva ese nombre para las empresas del Estado.

De acuerdo con el ámbito de sus actividades, las empresas se pueden clasificar en locales, nacionales, internacionales, multinacionales y globales. Las empresas locales son las que operan sólo en una ciudad o región de un país. Las empresas nacionales actúan en todo el territorio de un país. Las empresas internacionales realizan actividades en más de un país, pero se suele restringir este término a empresas que exportan sus productos o servicios desde un solo país. Las empresas multinacionales realizan actividades de producción, distribución y comercialización en varios países. Las empresas globales realizan todo tipo de operaciones en todo el mundo o por lo menos en los principales mercados globales (Norte América, Europa y China).

Por último, se puede distinguir entre empresas individuales y grupos de empresas o corporaciones. Dentro de estas últimas, y de acuerdo con su posición dentro del grupo, tenemos la casa matriz y las empresas filiales de las empresas o corporaciones globales.

1.2 LOS EMPRESARIOS

Las empresas nacen por la voluntad de los empresarios. Algunas veces el empresario es un profesional, por ejemplo, un abogado, que intenta ejercer su profesión a través de una empresa propia, en este caso un bufete o escritorio jurídico. Sin embargo, en la mayoría de los casos se trata simplemente de una persona o un grupo de personas que desean montar un negocio, teniendo o no experiencia o capacitación en la actividad que piensan desarrollar.

Muchas personas tienen habilidad para generar ideas de negocio. Lo que distingue a un empresario de cualquier otra persona es su capacidad para transformar esas ideas en realidades. El empresario debe ser capaz de transformar una idea de negocio en un plan de negocios o concepto claro y específico del producto a elaborar o el servicio a prestar y del mercado a satisfacer. Una vez definido el plan de negocios, el empresario debe tener acceso a la experiencia y a las fuentes de financiamiento necesarias (socios, bancos, etc.) para transformar ese concepto en realidad.

En general, los empresarios se caracterizan por sus condiciones de ambición o expectativas de éxito económico; pero para triunfar, además de suerte y buen olfato para los negocios, les harán falta muchas otras condiciones. Es difícil que un empresario tenga éxito sin una visión adecuada de su negocio y sin una gran determinación y perseverancia en el logro de sus objetivos.

Una cosa es ser empresario y otra es ser gerente, aunque en muchas empresas se confunden estos roles. Un empresario es un emprendedor, se concentra en iniciar cambios, usa los factores de producción para crear nuevos negocios. Un gerente es un administrador, se concentra en manejar un negocio para obtener de él los resultados deseados. Es posible que, en pequeñas empresas, el empresario o dueño que ha creado un negocio pueda encargarse también de su operación, pero cada vez hay más conciencia de que la gerencia es una profesión. Muchas empresas fracasan por la incapacidad de sus dueños de reconocer que deben confiar la administración a personas verdaderamente capacitadas.

2 LOS GERENTES

2.1 LOS GERENTES

En Estados Unidos, a la gerencia se le conoce como "management", un término también utilizado en España. Sin embargo, gestión y dirección son términos más empleados en España para referirse a la actividad de dirigir empresas u otras organizaciones, mientras que en Hispanoamérica son más usuales los términos de administración y gerencia. En todo caso, estas palabras se refieren a una actividad fundamental para la marcha de las organizaciones, que realizan los gestores, directores, administradores o gerentes, como queramos llamarlos; en este trabajo los llamaremos gerentes. Su trabajo implica el uso efectivo y eficaz de los recursos disponibles para obtener los resultados deseados.

En las empresas podemos distinguir los gerentes de primera línea o supervisores y los gerentes de funciones o áreas específicas: mercadeo, operaciones, finanzas, informática, recursos humanos, etc. Estos suelen ser profesionales especializados en disciplinas afines a la función que deben dirigir. Pero también son necesarios los gerentes generales, los cuales tienen a su cargo la dirección de toda una empresa o de una unidad de negocio dentro de ella y suelen dirigir la labor de los gerentes especializados. En la mayoría de los casos, los gerentes generales son personas que han destacado en la gerencia de una función específica de la empresa o han rotado a través de varias funciones hasta adquirir una visión global de la empresa.

Desde hace mucho tiempo se reconoce que la gerencia supone unas cualidades especiales que no todas las personas poseen y que es necesario desarrollarlas para poder ejercer con éxito la dirección de una organización. Por ejemplo, aunque es deseable que el gerente general o director posea un conocimiento suficiente del negocio o actividad que debe dirigir, no se requiere necesariamente que sea el individuo con mayor competencia técnica dentro de la organización. Así, no necesariamente el médico más competente es el más calificado para dirigir un hospital o el profesor más capacitado sea la persona adecuada para dirigir una universidad. Muy probablemente serán más importantes otro tipo de cualidades, tales como la capacidad de saber discernir lo que más le conviene a la organización y la habilidad para organizar y dirigir los esfuerzos de todos en función de objetivos y metas comunes.

No todos los gerentes desempeñan eficientemente su trabajo. En muchos casos, las posiciones gerenciales están ocupadas por personas que han llegado a ellas sin la preparación debida y no alcanzan nunca a desarrollar una verdadera capacidad para realizar sus funciones. Sin embargo, cada día la competencia por los cargos gerenciales es mayor y existe una amplia oferta de profesionales con experiencia gerencial comprobada o con una formación académica que los califica para desempeñarse con éxito, lo que les permite a las empresas escoger las personas adecuadas para ocupar las posiciones gerenciales dentro de ellas. También pueden las empresas, y de hecho muchas así lo hacen, desarrollar sus propios gerentes, proporcionándoles a sus empleados con potencial para ello las oportunidades de formación y experiencia que los capaciten para ocupar progresivamente posiciones de mayor responsabilidad.

Dirigir es una tarea muy compleja y hacerlo bien implica un gran esfuerzo por parte de quien realiza esta actividad. La dirección exitosa supone un desarrollo permanente de las habilidades del individuo para definir correctamente los objetivos y metas de la organización, escoger la estrategia apropiada, seleccionar los colaboradores adecuados, motivarlos para que den lo mejor de sus posibilidades, facilitar la comunicación, el trabajo en equipo y el aprendizaje en la organización y tomar decisiones eficaces y responsables. El gerente o director debe ser capaz, además, de adoptar el estilo de dirección más apropiado para cada circunstancia de la organización, siendo permisivo, democrático y hasta autoritario según sea conveniente para una situación dada. No es extraño, pues, que sea más bien raro encontrar gerentes eficaces y dignos de admiración por poseer las cualidades necesarias para desempeñar exitosamente su trabajo.

LA FORMACIÓN DE LOS GERENTES

Además de un mínimo de conocimientos técnicos pertinentes, visión, inteligencia, capacidad de organización y habilidades para las relaciones humanas, casi todos los gerentes de organizaciones más o menos complejas necesitan poseer conocimientos básicos de economía, contabilidad, finanzas y marketing, entre otras áreas relacionadas con la gestión. Muchos de estos conocimientos se pueden y se deben adquirir en la práctica, trabajando en las organizaciones, pero hoy en día es indispensable adquirirlos también mediante la realización de estudios formales. Una licenciatura en economía o administración puede ser suficiente para desempeñar cargos directivos inferiores en las organizaciones, pero para poder aspirar a posiciones más altas actualmente se suele requerir por lo menos una maestría en administración de empresas (MBA). Mientras mayor sea la calidad de la institución en la cual se realicen estos estudios, mayores serán las probabilidades para un individuo de alcanzar el éxito en su carrera laboral.

En las primeras escuelas de negocios, creadas durante el siglo XIX, aparte de formación humanística se impartían clases de economía, contabilidad y derecho mercantil, que eran las materias que se consideraban fundamentales para formar a un empresario y las que estaban más desarrolladas para la época. Los planes de estudio se enriquecieron posteriormente con los avances en las teorías de administración y los cursos de finanzas, recursos humanos, mercadeo, operaciones, etc., que hoy forman parte de cualquier programa de MBA, fueron apareciendo gradualmente durante el siglo XX, sobre todo en la segunda mitad de ese siglo. Más recientemente se han incorporado los cursos de sistemas de información y negocios internacionales.

La formación ideal de un gerente supone que, después de terminados sus estudios formales básicos, vaya asumiendo posiciones de dirección gradualmente más exigentes dentro de una organización, siendo promovido una vez que demuestre su capacidad de lograr los resultados esperados en el nivel en el que se desempeña y su potencial para seguir avanzando hacia niveles superiores. La curiosidad por aprender y la disposición a seguir estudiando, bien sea de manera formal o autodidacta, determinarán –en gran medida- que la persona pueda ascender hasta los niveles más altos posibles. Por supuesto, las organizaciones no siempre aciertan eligiendo a los más capaces para ascender dentro de ellas y muchos factores subjetivos pueden intervenir en este proceso, pero las malas decisiones en esta materia no suelen tardar en demostrar pobres resultados y exigir los correctivos necesarios.

2.3   LAS TEORÍAS CLÁSICAS DE LA GERENCIA

Las teorías propuestas por Frederick Taylor, Henri Fayol y Max Weber en las primeras décadas del siglo XX fueron los primeros intentos para tratar de establecer algunos principios que ayudasen a los gerentes a entender el funcionamiento de las empresas y aplicar ese conocimiento para mejorar su desempeño. Esos tres autores coincidieron en ese propósito y también en el método empleado: observar lo que ocurría en las empresas, describirlo y proponer recomendaciones. Sin embargo, difirieron mucho en el alcance y en el objeto de sus investigaciones: Taylor se enfocó en los procesos de trabajo, con el propósito de mejorar la productividad y la eficiencia; Fayol se enfocó en las funciones de los gerentes, con el propósito de ayudar a que estos entendiesen mejor sus funciones y aplicasen principios que les permitiesen conseguir un mejor desempeño de la organización; y Weber se enfocó en la estructura y en las normas que caracterizaban el funcionamiento de las organizaciones y que debían aplicarse para su correcto funcionamiento.

Los tres autores analizados sentaron las bases del desarrollo futuro de los estudios sobre gerencia, cada uno desde su propia perspectiva. Taylor fue el precursor de la ingeniería industrial y la investigación de operaciones, así como de todas las acciones orientadas a mejorar los procesos de trabajo, como la calidad total y la reingeniería. Fayol fue el primero en establecer las funciones de los gerentes y en analizar como debían ser las relaciones de estos con los empleados para el mejor funcionamiento de la empresa, esfuerzo que sería continuado por los estudiosos de la gerencia en general y de la gestión de recursos humanos en particular. Weber, por su parte, fue el iniciador de los estudios de la sociología de las organizaciones, orientada a analizar como los miembros de una organización construyen y coordinan actividades colectivas organizadas. Cada una de las corrientes iniciadas por esos autores ha tenido un desarrollo relativamente independiente, aunque se han hecho algunos esfuerzos por tratar de integrar esos desarrollos.

2.4 EL LIDERAZGO

Se suele distinguir entre un gerente y un líder. Esta distinción supone que el gerente se ocupa de administrar y el líder es el que determina el rumbo de la organización y moviliza a las demás personas hacia un objetivo deseado. Sin embargo, no necesariamente son personas diferentes. Todos los gerentes deben dirigir a las personas a su cargo y en las organizaciones modernas se espera que también sean líderes, al menos de su grupo de trabajo. Por supuesto, mientras más alta sea la posición de un gerente en una empresa mayor debe ser su capacidad de liderazgo.

Un líder es alguien que tiene seguidores. Esa es probablemente la definición más simple y práctica del liderazgo. Se ha escrito mucho y se sigue escribiendo sobre si los lideres deben ser virtuosos, carismáticos, transformadores, responsables, etc., pero lo cierto es que lo único que hace falta para ser líder es tener seguidores.

Un líder debe ser eficaz; es decir, debe ser capaz de entusiasmar y dirigir a sus seguidores hacia el logro de objetivos que los beneficien a ellos y, si es posible, a muchas otras personas también. Pero, además, debe ser capaz de lograr esos objetivos mediante métodos aceptables; es decir, respetando a las personas y a las leyes. Por su parte, el que quiera ser líder debe preocuparse por desarrollar bien esas cualidades y aprovechar todas las oportunidades que tenga para hacerlo.

2.4.1 La teoría de los rasgos

Todos los intentos de encontrar rasgos de personalidad en los lideres, que los diferencien de los que no son líderes, han fracasado. Por ejemplo, hay muchas personas honestas, con confianza en sí mismas, con capacidad cognitiva, con conocimiento del negocio, etc., y no son líderes. Lo que diferencia a los líderes de los no lideres no son sus rasgos de personalidad sino su deseo de ser líderes y su capacidad para influir en los demás. Sin embargo, se acepta que algunos rasgos, como la estabilidad emocional, extroversión, apertura a nuevas experiencias, amabilidad y responsabilidad, aunque no sean exclusivos de los líderes, pueden ser convenientes para ellos. En todo caso, los rasgos y las competencias deseables de los lideres son las que sus seguidores juzguen necesarias, en un contexto determinado, para aceptarlos como líderes; es decir, no son universales sino circunstanciales.

2.4.2 El papel de los seguidores en el liderazgo

Sin seguidores no hay líder. Los seguidores, por lo tanto, no solo son importantes, sino que son esenciales para el liderazgo. Ahora bien, los seguidores pueden ir desde los totalmente pasivos hasta los muy activos, que prácticamente pueden considerarse como colíderes. El término "seguidores" parece aplicar mejor a los primeros que a los segundos, pero no se ha inventado todavía una palabra que reemplace a la de "seguidores" para este último grupo.

El tamaño del grupo, sin duda, influye en el tipo de relación entre líderes y seguidores. Sin embargo, aunque los "seguidores" en un grupo pequeño tienen contacto personal directo y frecuente con el líder y, por consiguiente, puede desarrollarse entre ellos una interacción mayor, también en los grupos muy grandes los "seguidores" tienen una influencia reciproca en relación con el líder y este debe estar muy pendiente de la opinión de sus "seguidores" para asegurarse de que responde bien a sus intereses.

James McGregor Burns, a fines de la década de 1970, definió dos tipos o estilos de liderazgo según la relación del líder con los seguidores: liderazgo transaccional, caracterizado por el intercambio de favores entre el líder y los seguidores; y liderazgo transformacional, caracterizado por los esfuerzos del líder en producir cambios significativos en los seguidores.

2.4.3 El líder, los seguidores y el contexto

Las teorías de contingencia y liderazgo situacional, desarrolladas a comienzos de la segunda mitad del siglo XX y enfocadas en analizar la relación del liderazgo con las circunstancias o las situaciones en las que este se desenvuelve, llamaron la atención sobre la necesidad de enfocar los estudios de liderazgo no solo en el líder sino también en la relación de este con los seguidores. La situación o contexto fue débilmente considerada, pues esta se limitaba fundamentalmente a las características de los seguidores y la naturaleza del trabajo en grupos pequeños. Las tres últimas décadas del siglo XX vieron un incremento en la incorporación de los seguidores en los estudios sobre liderazgo, pero no sería hasta este siglo que el contexto adquiriría también una dimensión de factor de primer orden, al igual que el líder y los seguidores, en el estudio del liderazgo.

2.4.4 La psicología y el liderazgo

La contribución de la psicología al estudio del liderazgo ha sido enorme. La psicología se ha interesado en analizar cómo piensa un líder y en describir su personalidad y comportamiento, pero también en investigar las relaciones del líder con sus seguidores (de allí surgieron las teorías de contingencia, liderazgo situacional, intercambio líder- seguidores, etc.). Pero la psicología tiene límites, como todas las demás disciplinas, y por eso han sido politólogos, especialistas en administración, psiquiatras, investigadores del comportamiento organizacional, etc., los que han llevado el estudio del liderazgo más allá de las fronteras de la psicología, introduciendo aspectos tan importantes como el liderazgo transformacional, la importancia del contexto en el liderazgo, la tarea del líder como impulsor del cambio, la adquisición y uso del poder, el liderazgo ético, el liderazgo auténtico, el liderazgo adaptable, el liderazgo femenino, etc.

Quizás lo que está haciendo falta ahora es un enfoque integrador, que trate de unir los conocimientos aportados por las distintas disciplinas. Esta necesidad, por cierto, es cada vez mayor no solo en el estudio del liderazgo sino en muchas otras áreas de conocimiento, debido a la excesiva especialización en las investigaciones.

2.4.5 La estrategia y el liderazgo

No puede haber liderazgo si no hay estrategia. La estrategia es consustancial al liderazgo. El liderazgo es un proceso en el que líderes y seguidores se encaminan hacia el logro de un objetivo y esto no es posible si no hay una estrategia que determine el camino a seguir. La principal tarea del líder es estratégica; es decir, le corresponde señalar el objetivo a lograr y definir las acciones para lograrlo, guiando a los seguidores hacia ese fin. El término "liderazgo estratégico", por consiguiente, es casi redundante. Estrategia y liderazgo son, por consiguiente, inseparables. El líder, para poder ser líder de sus seguidores, debe dirigir el proceso de formulación e implementación de la estrategia. Si no hay objetivos definidos y estrategia clara para alcanzar esos objetivos, los seguidores se desorientan y dejan de ser seguidores.

2.5 LAS DECISIONES

A los gerentes se les paga fundamentalmente por tomar decisiones. Sin embargo, no es fácil tomar buenas decisiones. Muchas personas se equivocan en decisiones fundamentales para sus vidas; de la misma manera, muchos gerentes toman malas decisiones en el ejercicio de sus actividades, generalmente con muy malas consecuencias para otras personas y para la empresa en la que trabajan.

Aunque no existe ningún método que asegure tomar siempre decisiones correctas, posiblemente lo mejor sea no precipitarse al tomar una decisión importante, consultar a las personas que uno cree que pueden ayudarle a tomar una buena decisión y pensar bien en las consecuencias de cada opción o alternativa que esté en consideración.

2.5.1 Clasificación de las decisiones empresariales y métodos de análisis

Las decisiones empresariales (o de cualquier otro tipo) se pueden clasificar en: decisiones bajo certidumbre; decisiones bajo incertidumbre; y decisiones bajo riesgo:

- Las decisiones bajo certidumbre, muy raras, son aquellas en las que existe información completa sobre todas las alternativas y los resultados se conocen con seguridad. En ese caso, para tomar la mejor decisión simplemente se elige el criterio de decisión (por ejemplo, el beneficio neto) y se escoge la alternativa que mejor cumpla con ese criterio.
- Las decisiones bajo incertidumbre son aquellas en las que los resultados están afectados por condiciones fuera del control del tomador de la decisión y las probabilidades de ocurrencia de esas condiciones se desconocen.
- Las decisiones bajo riesgo son aquellas en las que los resultados están afectados por condiciones fuera del control del tomador de la decisión, pero las probabilidades de ocurrencia de esas condiciones se conocen o se pueden estimar.

Para el análisis de decisiones bajo incertidumbre o bajo riesgo se pueden aplicar métodos o técnicas cualitativas o cuantitativas. Las técnicas cualitativas incluyen, entre otras, el análisis de escenarios cualitativos, el análisis de casos similares y los métodos de consulta a individuos (encuestas, técnica Delphi, etc.). Las técnicas cuantitativas incluyen, entre otras, el análisis cuantitativo de escenarios múltiples (mediante los métodos de Monte Carlo, las técnicas de análisis de decisiones, el análisis de opciones reales, etc.), la teoría de utilidad, los árboles de decisiones, la teoría de preferencia y la teoría de juegos.

2.5.2 Gestión de la incertidumbre

La incertidumbre, a diferencia del riesgo, no es calculable, pues en esa situación se desconocen las probabilidades de ocurrencia de las condiciones que afectan los resultados de las decisiones. En algunas industrias, como las de tecnología de información, productos farmacéuticos, equipos médicos, equipos eléctricos, electrónicos y de control, etc., la incertidumbre suele ser mayor que en otras industrias.

La complejidad, es decir la existencia de numerosas partes diversas e interdependientes en el entorno externo e interno de las empresas, aumenta la incertidumbre y la dificultad de hacerle frente a esta.

Para la toma de decisiones en estas condiciones, los gerentes deben hacer uso de distintos enfoques (pronósticos, mitigación de riesgos y compromisos entre distintos objetivos), asegurando la diversidad de pensamiento.

Para evitar la parálisis en situaciones de incertidumbre, los gerentes deben aprender a sentirse cómodos con lo desconocido y reducir la incertidumbre donde sea posible. También deben aprender más rápido que los competidores, enseñar a la gente a tomar decisiones correctas y reservarse las más importantes y estar listos para aprovechar oportunidades inesperadas.

2.5.3 Trampas y sesgos en la toma de decisiones

Cuando se toma una decisión, existe la posibilidad de dejarse influenciar por diversos sesgos, los cuales pueden provocar el empleo de información incorrecta e interpretar mal los problemas. Es más probable que estos sesgos se presenten cuando prevalecen condiciones de gran riesgo e incertidumbre. Las trampas y sesgos en la toma de decisiones pueden deberse a pensar que el problema que se presenta es similar a alguno anterior, descartar información que puede ser útil para entender mejor el problema, suponer que unos pocos casos conocidos pueden ser representativos de una población mayor, apresuramiento en tomar la decisión sin analizar bien todos los factores involucrados, aversión al riesgo, exceso de confianza, prejuicios contra cambios en el statu-quo, etc.

La principal defensa contra las trampas y sesgos en la toma de decisiones es ser honesto con uno mismo y pensar en la posibilidad de que eso esté afectando el análisis de la decisión. También ayuda conocer nuestros prejuicios, aprender de los errores y buscar la opinión de otros, preferiblemente de aquellos que no están directamente involucrados en el problema.

2.5.4 El papel de la intuición en la toma de decisiones

Intuición es el conocimiento, comprensión o percepción inmediata de algo, sin la intervención de la razón. Muchos ejecutivos confían en su instinto o intuición para tomar una decisión, sobre todo las más críticas. Aunque esta forma de proceder puede ser riesgosa, también es cierto que algunas personas logran desarrollar buenas habilidades de intuición, particularmente las que tienen una experiencia más variada y diversa. En general, las técnicas analíticas son mejores en decisiones bajo certidumbre o bajo riesgo y la intuición es mejor en las decisiones bajo incertidumbre. La intuición tiene poco uso si el problema se puede analizar de manera analítica con mayor efectividad, pero puede ser muy útil en muchas decisiones empresariales bajo incertidumbre, como las que se refieren a la estrategia, las inversiones o problemas de recursos humanos.

2.5.5 Las decisiones y el pensamiento de los gerentes

En general, las personas tienden a pensar de manera convencional, enfocándose sólo en aspectos obviamente relevantes, buscando luego relaciones sencillas entre las variables, analizando el problema por partes y tratando de escoger la mejor opción posible. Sin embargo, existe otra forma de pensar, denominada pensamiento integrador, que puede ser más efectiva en decisiones complejas o bajo incertidumbre. Los pensadores integradores buscan factores menos obvios, pero potencialmente relevantes, consideran relaciones complejas entre las variables, ven los problemas como un todo y generan resultados innovadores en lugar de escoger entre ideas opuestas. En lugar de limitarse a tomar decisiones empleando el análisis científico, los gerentes deben acostumbrarse a pensar de manera creativa, haciendo uso de la imaginación para identificar futuros posibles, describiendo algo que no existe.

2.5.6 Gestión de riesgos

Casi todas las decisiones importantes que deba tomar un gerente conllevan algún tipo de riesgo. Riesgo es la posibilidad de que se produzca un contratiempo o una desgracia, de que alguien o algo sufra perjuicio o daño. Las probabilidades de ocurrencia de las situaciones que puedan generar riesgos se pueden conocer o estimar, así como las consecuencias de la manifestación del riesgo. La simulación de los resultados posibles de una decisión bajo riesgo es una herramienta útil para el análisis de escenarios. Los árboles de decisión son otra técnica usualmente empleada para el análisis de este tipo de decisiones.

La gestión de riesgos tiene por objeto evitar o eliminar la ocurrencia de riesgos predecibles, reducir la probabilidad y el impacto de riesgos estratégicos y reducir el impacto de los riesgos externos. La idea es que hay que aprender a vivir con los riesgos y tratar de reducir su impacto, ya que no todos los riesgos se pueden evitar. Por supuesto, el costo de las acciones que se tomen para prevenir o mitigar los riesgos deben ser proporcionales al costo probable de los daños causados por esos riesgos.

En general, en una buena gestión de riesgos se debe evitar la inacción (muchas veces el mayor riesgo es no tomar ninguna acción), suponer que los buenos emprendedores son los que se arriesgan más, creer que todas las fallas son admisibles cuando se trata de innovar y castigar a los que no logran resultados sin tomar en cuenta si tomaron decisiones correctas.

2.5.7 Decisiones efectivas

Tomar decisiones es el trabajo más importante de un gerente, pero también es fácil equivocarse al hacerlo. Por eso, los gerentes eficaces no toman un gran número de decisiones, se concentran en lo que es importante; saben cuándo una decisión ha de basarse en principios y cuándo hay que tomarla pragmáticamente, según las circunstancias de cada caso, y saben que la toma de decisiones tiene su propio proceso sistemático y sus propios elementos claramente definidos. En general, los gerentes eficaces no ven las decisiones como una competencia en la que deben salir victoriosos sino como un proceso colaborativo de solución de problemas. Las decisiones son más efectivas cuando más personas están involucradas desde el comienzo.

2.6 LA ÉTICA

Cada vez se exige más a los gerentes un comportamiento ético. La ética no es una cuestión de filosofía ni algo que se puede regular con políticas, normas o códigos. Es simplemente un tema de convicción personal. Muchos gerentes tratan de justificar sus malas acciones argumentando que el mundo de los negocios es muy difícil y no les deja otra opción, pero casi siempre se trata de excusas para ocultar su incompetencia, su ambición y su falta de apego a principios y valores.

Observamos casi a diario todo tipo de acciones poco virtuosas en el mundo de los negocios: fraudes, encubrimientos, deshonestidad, incumplimiento de leyes, irresponsabilidad ciudadana, productos defectuosos, etc. Estas acciones las cometen personas normales, a las que probablemente nadie (incluyéndolos a ellos mismos) sospechó capaces de semejantes faltas éticas cuando eran estudiantes o profesionales jóvenes. Por esto, nadie debe considerarse exento de caer en estos vicios cuando entra al ambiente de los negocios. Los códigos y los comités de ética resultan inútiles si las personas no le dan importancia a actuar con dignidad y ética cuando ejercen algún cargo en una empresa, sobre todo los cargos de mayor responsabilidad, y deciden comportarse de manera distinta de todos aquellos que no respetan los valores fundamentales.

Muchas empresas han aprobado códigos de ética, con el objeto de guiar la conducta de sus empleados y orientar la consideración de los aspectos éticos en las decisiones. En estos códigos de ética suelen predominar recomendaciones o prohibiciones para evitar los conflictos de intereses, proteger la información de la empresa, evitar la discriminación y el acoso sexual, condenar el robo y el fraude de todo tipo y promover el uso adecuado de los bienes. Estos códigos de ética pueden ser de utilidad, pero lo más importante es que desde la alta gerencia de la empresa se envíen mensajes claros y se dé el ejemplo para la práctica de negocios lícitos, el respeto a la integridad en las relaciones con los actores fundamentales de la empresa (clientes, suplidores, socios, inversionistas y empleados) y la responsabilidad social de la empresa.

La conducta ética de los gerentes tiene un impacto positivo en la cultura corporativa y en la motivación de los empleados y le agrega a la gestión estratégica un aspecto integrador y ordenador. Es un factor de motivación para el trabajo en equipo, una aliada para la mejora de la productividad, un factor de crecimiento individual, un elemento adicional de protección legal que redunda en una mayor seguridad jurídica, legitima las acciones gerenciales y es un elemento fundamental de la buena imagen pública de la empresa.

2.7   LA COMUNICACIÓN GERENCIAL

La comunicación es esencial para que una empresa funcione bien. Los gerentes deben asegurarse de que todos los empleados estén bien informados sobre los objetivos de la empresa y sobre cualquier aspecto que deban conocer para realizar su trabajo en procura de esos objetivos, pero además deben propiciar que los empleados puedan hacerles llegar sus opiniones y les informen adecuadamente sobre lo que está pasando en las operaciones y en la relación con los clientes. Lamentablemente, muchas veces los gerentes superiores no son buenos comunicadores, se reservan información que es necesaria para los empleados, muestran incongruencia entre lo que dicen y lo que hacen y, lo que es peor aún, no se interesan por escuchar directamente a los empleados y se limitan a leer informes o hablar con los gerentes intermedios.

La comunicación es el intercambio de pensamientos, mensajes o información por medio del habla, señales, escritura o comportamiento. Una comunicación efectiva es esencial para que el gerente sea capaz de transmitir adecuadamente la visión que tiene de la organización y obtener la respuesta deseada de su audiencia. La comunicación efectiva, para ser eficiente y productiva, debe ser oportuna y debe tener un nivel adecuado de detalle.

En general, en las empresas es preferible el enfoque directo en la comunicación. Hablar es la forma preferible de comunicación en las empresas, porque permite la interacción. Los gerentes deben ser capaces de: escuchar; respetar y fomentar que los demás hablen; atender sus posiciones e intervenciones; e intercambiar opiniones con ellos.

2.8 LA INFLUENCIA DE LAS DIFERENCIAS CULTURALES EN LA GERENCIA

A medida que transcurrió la segunda mitad del siglo XX, fue creciendo también la importancia de los negocios internacionales y las empresas y los investigadores se dieron cuenta de que las diferencias culturales exigían ajustes en la gerencia de las organizaciones en los distintos países. Geert Hofstede, y luego Fons Trompenaars y Charles Hampden- Turner, desarrollaron sus teorías o modelos de las dimensiones culturales, para describir y diferenciar las culturas nacionales.

Las diferencias culturales influyen en la forma en que los gerentes deben relacionarse con los empleados y dirigir a las empresas. En América Latina, por ejemplo, la gente da mucha importancia a las relaciones con los demás, se prefiere un trato respetuoso de parte de los gerentes y se cuestionan sus decisiones, mientras que en Estados Unidos se da mucha importancia al esfuerzo individual y los gerentes tienden a dar órdenes que deben ser cumplidas sin discusión. Como resulta obvio, un gerente latinoamericano puede fracasar en los Estados Unidos si pretende relacionarse con los empleados locales y dirigir una empresa como lo haría en su país de origen y, de la misma mañera, un gerente estadounidense puede fracasar si trata de trasladar las prácticas usuales en su país a la dirección de una empresa en América Latina.

2.9 LA TEORÍA Y LA PRÁCTICA DE LA GERENCIA

La discusión sobre la comprobación empírica de las teorías gerenciales es más académica que empresarial. A pocos gerentes les interesa mucho esa discusión. Lo que quieren son recomendaciones que puedan poner en práctica para mejorar sus negocios. Los libros que escriben algunos autores (lamentablemente muchos de ellos sin ningún fundamento real) y la revista Harvard Business Review han sido los recursos más influyentes para que los gerentes apliquen conocimientos teóricos en su trabajo. Por el contrario, casi todas las revistas arbitradas (Academy of Management, etc.) son muy populares entre los investigadores, pero no así entre los gerentes (a la mayoría, los trabajos publicados en esas revistas les resultan muy abstractos, puntuales y difíciles de convertir en acciones prácticas).

Por lo demás, si bien existe una brecha entre la teoría y la práctica en la gerencia, esta brecha es diferente en las teorías cuantitativas (racionales) y en las cualitativas (humanas). En las teorías cuantitativas la brecha existe porque varios de los enfoques o modelos propuestos, particularmente en la investigación de operaciones ("operations research" o "management science"), no son comprensibles para los gerentes en general sino para un grupo de especialistas, lo que hace que su aplicación sea limitada. Las teorías cualitativas, por su parte, no suelen aplicarse porque los gerentes están inmersos en una dinámica de corto plazo que excluye toda posibilidad de prestar la debida atención al elemento humano, como recomiendan todas las teorías (es frecuente oír a los gerentes decir que valoran a las personas y respetan su iniciativa mientras que la realidad es que son autoritarios, amenazan y humillan a sus subordinados y no los consultan antes de tomar cualquier decisión). Por lo tanto, la brecha en ningún caso se debe a la dificultad de probar empíricamente las teorías.

3 LA ORGANIZACIÓN

3.1 LA ORGANIZACIÓN

Una empresa es una organización; es decir, una agrupación de personas. Las organizaciones más estudiadas, probablemente por su importancia económica, son las empresas, pero muchos de los resultados de esos estudios pueden ser útiles para otros tipos de organizaciones.

Los estudios de las organizaciones revelan que en todas ellas se llevan a cabo, de una manera u otra, procesos de motivación, comunicación, trabajo en equipo, liderazgo, poder y política, toma de decisiones, aprendizaje y cambio:

- Las personas deben estar motivadas para poder participar en las actividades de la organización, en caso contrario difícilmente la organización podrá funcionar adecuadamente y lo más probable es que eventualmente desaparezca
- Si los miembros de la organización no se comunican efectivamente entre sí y forman equipos para realizar las tareas propias de la organización, ésta tampoco podrá funcionar debidamente

- El trabajo en equipo y la interacción entre los miembros de una organización conduce casi necesariamente a la aparición de líderes, es decir personas que ejercen influencia sobre los otros y determinan en mayor medida el rumbo de la organización
- La existencia de diversas personas o grupos con aspiraciones de liderazgo dentro de una organización, como casi siempre sucede, lleva también a la lucha por el poder dentro de la organización y a los procesos políticos que esta lucha supone, de los cuales no está exenta ninguna organización de cierto tamaño (muchos suponen erróneamente que esta lucha por el poder se da sólo en los partidos políticos y en la sociedad misma, pero cualquiera que trabaje en una empresa o pertenezca a cualquier otro tipo de organización seguramente podrá dar fe de que en todas ellas la actividad política interna consume buena parte de la energía de la organización)
- En las organizaciones también se deben tomar decisiones, desde aquellas que tienen que ver con la definición de los objetivos de la organización hasta todo tipo de decisiones

importantes o no tan importantes que se derivan del esfuerzo por alcanzar esos objetivos, y la toma de decisiones supone la existencia de determinadas políticas y procesos, más formales o menos formales, que permitan que esas decisiones se tomen y sean acatadas por todos los miembros de la organización
- También las organizaciones requieren que sus miembros adquieran los conocimientos que necesitan para realizar las tareas que les corresponden dentro de ellas y, además, que la organización misma desarrolle formas de aprendizaje colectivo con base en la creación y difusión de conocimientos comunes
- Por último, y no menos importante, las organizaciones necesitan aprender a cambiar y a innovar, a transformarse a sí mismas para adaptarse, anticiparse y hasta para inducir cambios en el entorno.

Todos los procesos mencionados se relacionan entre sí y se refuerzan mutuamente. La cultura, es decir el conjunto de creencias, costumbres y valores compartidos de la organización, es el resultado de esa interacción y, a la vez, constituye el marco de referencia que determina lo que es apropiado o no para la organización. Como vemos, no es tan sencilla la vida de las organizaciones. Por supuesto, los procesos que hemos descrito serán más o menos complejos dependiendo de la naturaleza y el tamaño de la organización, pero aquellas organizaciones que no definan correctamente su misión y no aprendan a manejar eficientemente los procesos necesarios para cumplirla, difícilmente lograrán buenos resultados y muy probablemente no sobrevivirán.

3.2 LA ORGANIZACIÓN COMO UN SISTEMA

Un sistema es un conjunto de partes que interactúan entre sí para lograr un objetivo. Una organización empresarial es exactamente eso; por lo tanto, puede ser vista y analizada como un sistema. Las partes de la organización empresarial son los empleados, los gerentes, las máquinas, los sistemas y las normas y procedimientos, pero también otras menos tangibles, como la cultura y las competencias esenciales (lo que las personas y la organización saben hacer bien). Todas esas partes interactúan entre sí para lograr los objetivos de la organización.

La visualización de la organización como un sistema surgió a comienzos de la segunda mitad del siglo XX, cuando se popularizó la teoría o enfoque de sistemas y se la aplicó a muchos campos de actividad humana. Es indudable que el enfoque de sistemas fue un gran avance para la comprensión de muchos fenómenos naturales y sociales. Es un ejemplo de cómo una idea relativamente simple puede tener un impacto importante en la ciencia y también de cómo puede ser útil trasladar conocimientos de una ciencia a otra, en este caso de la biología a otras ciencias. Ver a la empresa como un sistema, en lugar de considerarla compuesta de partes aisladas, y particularmente como un sistema abierto, es decir en interacción con el entorno y no cerrada a este, ha ayudado muchísimo a entenderla mejor. Mas recientemente, el visualizar a las empresas globales como sistemas complejos, es decir compuestos de muchas partes, también ha permitido aplicarles los conocimientos adquiridos en otras áreas sobre el manejo de la complejidad.

Para que el sistema de la empresa funcione bien, debe existir armonía entre todos sus componentes. En general, la estrategia es el punto de partida, ya que define qué objetivos se quieren lograr y que tipo de empresa se debe tener para lograr esos objetivos. Con base en la estrategia, se deben definir entonces los demás componentes. Esta es la mejor forma de lograr que todo armonice.

3.3 LA TEORÍA DE CONTINGENCIA

La teoría de contingencia, desarrollada en la década de 1960, propuso que no hay nada absoluto o permanente en el funcionamiento de las organizaciones, sino que este depende de las contingencias o circunstancias del entorno. La teoría de contingencia hace uso de la noción de la organización como un sistema, particularmente como un sistema abierto, analizando la relación de la organización con su entorno.

En los comienzos de la teoría de contingencia prevalecían todavía los símiles biológicos para analizar los sistemas. En los seres vivos, su estructura guarda mucha relación con el entorno. La evolución del hombre, por ejemplo, estuvo muy influenciada por los cambios o contingencias en el entorno en el que vivía. Esto llevó a los primeros teóricos de la contingencia a analizar la relación entre la estructura de las organizaciones y su entorno; sin embargo, muy pronto se dieron cuenta, principalmente por los aportes de Alfred Chandler, de que la estructura era realmente consecuencia de la estrategia y que era esta la que dependía o era influenciada por el entorno.

3.4 LA ORGANIZACIÓN DE EMPRESAS GLOBALES

Un caso particular de organización de empresas, y quizás el más complejo, lo constituye la organización de las empresas globales. La organización de una empresa global supone generalmente diseñar la organización de la casa matriz, la organización de las regiones y la organización de las filiales.

En general, las empresas globales necesitan establecer unidades organizacionales o empresas filiales en cada uno de los países en los que realizan operaciones o por lo menos en los más importantes de ellos, atendiendo a los países más pequeños desde algún país mediano o grande vecino. Estas empresas filiales pueden registrarse como empresas nacionales, como dependencias de la empresa global o como divisiones de la empresa regional, dependiendo generalmente de lo que más convenga desde el punto de vista de los impuestos a pagar.

En su casa matriz, las empresas globales necesitan desarrollar una visión corporativa global e integrar las actividades que la empresa realiza en el mundo. Esta organización debe procurar que la producción se haga donde más convenga y la información y los productos se desplacen eficientemente entre las distintas regiones y países. Es necesario promover la cooperación y la comunicación y eliminar todo esfuerzo o inversión redundante, a menos que sea para mantener una adecuada flexibilidad en el negocio.

Un factor clave de éxito para una empresa global está en su capacidad de lograr la integración de su organización en una escala global. La integración depende de la habilidad de aplicar sus tecnologías fundamentales y compartir los conocimientos adquiridos en todos los países o regiones en los cuales realice actividades. La integración no se limita a los productos o a la tecnología dentro de los productos, sino que incluye todos los aspectos del negocio: investigación de mercados, relaciones con el comercio al detal, servicio al cliente e identidad de la marca. Una estrategia global no puede tener éxito si existen barreras y resistencia en la organización y si todos los aspectos de la organización no se complementan para sustentar la deseada estrategia global.

Un problema usual a resolver en la organización de las empresas globales y de todas las grandes corporaciones, implica escoger entre uniformidad y diversidad. La uniformidad implica la estandarización y los procedimientos administrados centralmente. La diversidad, por el contrario, supone reconocer las diferencias regionales, de mercado, de productos, de tecnología y de metas, así como dejar espacio para la experimentación y la innovación. Cada empresa debe escoger el balance más adecuado entre uniformidad y diversidad para su caso particular.

3.5 LA CULTURA CORPORATIVA

La cultura corporativa es el conjunto de principios, creencias y valores que guían la acción de los miembros de una organización. La cultura corporativa ha sido, por lo general, un ancla en el cambio; sin embargo, es posible tener una cultura que nos ayude a adaptarnos y que no nos ancle en el pasado.

Una cultura sana, que permite la adaptación al cambio, es aquella en la que sus gerentes realmente se interesan por sus clientes, accionistas y empleados y la iniciativa y el liderazgo se valoran verdaderamente y se fomentan a cualquier nivel de la organización.

La medición del desempeño, los sistemas de compensación y las prácticas de trabajo deben estar alineadas con esos principios para lograr la promoción de una cultura organizacional apropiada. Por ejemplo, en lugar de la tradicional evaluación directa por un superior, la evaluación del desempeño podría ser realizada tanto por los subordinados y los pares como por los directores de cada empleado, así como por él mismo, lo que se conoce como evaluación en 360°. Por otra parte, los valores deben constituir guías de acción que cada miembro de la organización pueda reconocer y emular y los líderes deben dar el ejemplo en su implementación.

La cultura de una empresa, aunque posea algunos elementos que la diferencien de su entorno, no es ni puede ser ajena a la cultura de la sociedad o el país en el que realiza sus operaciones. Las personas que acuden a trabajar a la empresa o las que se relacionan con ella por uno u otro motivo aportan los elementos culturales propios de las sociedades de donde provienen y actúan. Esta situación es mucho más compleja en el caso de las empresas globales, las cuales aun cuando pueden crear ciertos principios, creencias y valores entre sus miembros en todo el mundo, no pueden lograr nunca eliminar las diferencias culturales que existen entre sus filiales de Europa, Asia, Norte América y América Latina.

Ciertas culturas nacionales facilitan más los procesos de cambio que otras. En principio, aunque es muy difícil generalizar, en los Estados Unidos, Inglaterra, algunos países escandinavos, América Latina y algunos de los países emergentes del Pacífico parecen existir culturas nacionales más propensas a la innovación y al cambio que en Alemania o Japón y el resto de Europa y Asia. Estas y otras diferencias culturales necesariamente deben considerarse para poder dirigir exitosamente las empresas y manejar adecuadamente los procesos de cambio que requieren las empresas.

Una de las acciones que se han tomado en algunos países para disminuir la resistencia al cambio es la de propiciar el aprendizaje continuo. Muchas veces las personas se resisten al cambio por el temor de no poseer los conocimientos necesarios para adaptarse a la nueva situación. Una cultura corporativa que fomente el aprendizaje, al igual que la innovación, es una cultura favorable al cambio.

4 LA ESTRATEGIA

4.1 LA ESTRATEGIA

Estrategia es el conjunto de acciones que se deben realizar para lograr un objetivo. Este es un término militar, que por mucho tiempo estuvo referido a las acciones necesarias para ganar una guerra. Hoy día se utiliza este término en muchos ámbitos, sobre todo en la política y en los negocios, y su uso sigue llevando implícita la idea de que existe un enemigo o un competidor que no desea que logremos nuestro objetivo y, por consiguiente, la estrategia consiste en definir la manera de superar a ese adversario o competidor.

En el caso de las empresas, estas disponen de una gran variedad de estrategias (ofensivas, defensivas, de cooperación o alianzas, de integración, diversificación, especialización, internacionalización, etc.) entre las que deben elegir de acuerdo con su situación (oportunidades, amenazas, fortalezas, debilidades). No siempre es fácil elegir la estrategia o las estrategias más convenientes y es muy probable que sobre la marcha se deban realizar cambios o ajustes. Por la misma razón, no existe una estrategia única que sea la mejor siempre; sin embargo, en el ámbito empresarial se suele aceptar generalmente que la mejor estrategia es la diferenciación, es decir hacer algo diferente de lo que hacen los competidores para que los consumidores puedan preferir el producto o servicio que uno les pretende vender. Esto hace que la innovación, que es la base de la diferenciación, esté en el centro de la estrategia empresarial moderna.

4.1.1 La estrategia y la gerencia estratégica

Estrategia, en general, es el plan o método para lograr un objetivo determinado. Es un término de origen militar y los comienzos del pensamiento estratégico pueden encontrarse en "El Arte de la Guerra", de Sun Tzu, escrito hace unos 2.500 años. Aunque todos los negocios, desde las épocas más antiguas, también han tenido que desarrollar estrategias para alcanzar sus objetivos, el concepto se ha aplicado con mayor intensidad a este campo después de la Segunda Guerra Mundial. A mediados del siglo pasado podemos ubicar el inicio de la gerencia estratégica, es decir el proceso de formular e implementar la estrategia de una empresa para que esta pueda alcanzar los objetivos deseados, y de las teorías para apoyar y orientar ese proceso.

4.1.2 La escuela cognoscitiva

Herbert Simon, un destacado científico norteamericano, es uno de los pioneros de la teoría de la gerencia estratégica. Hacia 1947 comenzó a estudiar los procesos del razonamiento humano que culminan en la estrategia. La escuela o corriente de pensamiento que inició Simon se ha denominado cognoscitiva, pues supone que la formulación de la estrategia es un proceso cognitivo que tiene lugar en la mente del estratega.

4.1.3 La escuela del diseño

Durante la década de 1960 comienzan a surgir avances importantes en la teoría de la gerencia estratégica. Un grupo de investigadores de la Escuela de Negocios de Harvard (Learned, Christensen, Andrews y Guth) fundaron la que se ha dado en llamar la "escuela del diseño", por cuanto considera la formulación de la estrategia como un proceso de diseño basado esencialmente en la determinación de oportunidades y amenazas (análisis externo) y fortalezas y debilidades (análisis interno).

4.1.4 La escuela de la planificación

Harry Igor Ansoff, un matemático y gerente ruso, profesor de la Universidad Carnegie- Mellon, conocido como "el padre de la gerencia estratégica", inició la "escuela de la planificación", concibiendo la formulación de la estrategia como un proceso detallado de planificación formal. Estos procesos formalizados de planificación estratégica se desarrollaron mucho en los años sesenta y setenta, caracterizados por un entorno relativamente estable, pero comenzaron a decaer en los años ochenta, cuando el entorno comenzó a cambiar más rápidamente.

4.1.5 La escuela de la evolución informal de la estrategia

En la década de 1980, cuando se consideraron insuficientes o inadecuados los enfoques establecidos, surgieron nuevas escuelas o teorías que prácticamente dominan todavía la teoría de la gerencia estratégica. Henry Mintzberg, profesor de la Universidad McGill en Montreal, efectuó una revisión y clasificación de los enfoques existentes y se mostró partidario de la "estrategia emergente"; es decir, de la evolución informal de la estrategia dentro de la organización en oposición o como complemento de un proceso deliberado de la formulación de la estrategia.

4.1.6 La escuela del posicionamiento

Michael Porter, profesor de la Escuela de Negocios de Harvard, quizás el teórico más importante y popular de la gerencia estratégica que ha existido, quien también comenzó a divulgar sus trabajos en la década de 1980, propuso que la estrategia, tanto de las empresas como de las naciones, debe basarse en lograr una ventaja competitiva frente a sus rivales. Las propuestas de Porter se inscriben en la "escuela del posicionamiento", iniciada en la década anterior, que destaca la importancia del posicionamiento estratégico de la empresa ante determinados contextos, convirtiéndose en el principal representante de esta escuela.

4.1.7 La teoría de los recursos y las capacidades

El economista danés Birger Wernerfelt, profesor del Instituto Tecnológico de Massachusetts, sostuvo que los recursos, es decir el conjunto de factores disponibles que posee y/o controla la empresa, deben ser la base de la estrategia, creando así el enfoque de la "visión de la empresa basada en sus recursos". Por su parte, David Teece, profesor de la Universidad de California, afirmó que la formulación de la estrategia debe basarse en las "capacidades dinámicas" (habilidades de la empresa para integrar, construir y reconfigurar competencias internas y externas para enfrentar cambios rápidos en el entorno). Los trabajos de Wernerfelt y Teece, entre otros, dieron lugar a la teoría de los recursos y las capacidades, que sería desarrollada más ampliamente por Jay Barney en la siguiente década.

A comienzos de la década de 1990, Jay Barney,

profesor de la Universidad del Estado de Ohio, desarrolló la teoría de los recursos y capacidades, iniciada en la década anterior, con base en el principio de que la ventaja competitiva de una empresa depende de la disponibilidad de recursos que no estén al alcance de sus competidores. Mantener la ventaja competitiva supone, entonces, una inversión constante de la empresa en desarrollar sus recursos y capacidades. Por su parte, Gary Hamel, fundador de Strategos, una firma internacional de consultoría basada en Chicago, desarrolló junto con C. K. Prahalad, profesor de la Universidad de Michigan, la teoría de la estrategia basada en las competencias, según la cual la estrategia de la empresa debe basarse en sus competencias distintivas; es decir, en aquello que sabe hacer realmente bien. Los trabajos de Hamel y Prahalad, así como los de Joseph Mahoney, profesor de la Universidad de Illinois, entre otros investigadores, se puede decir que se inscriben también en la teoría de los recursos y las capacidades, que sigue teniendo enorme trascendencia y repercusión.

4.1.8 Los nuevos avances en la teoría de la gerencia estratégica

En lo que va de este siglo no parecen existir avances significativos en la teoría de la dirección estratégica, aunque sigue muy activa la investigación. Han surgido algunas ideas nuevas que se pueden considerar variantes de la teoría de Porter sobre la ventaja competitiva, entre las que se pueden destacar la "estrategia del océano azul", propuesta por W. Chan Kim y Renee Mauborgne, y la "ventaja competitiva transitoria", propuesta por Rita Gunther McGrath.

4.2 EL CAMBIO Y LA INNOVACIÓN

Una de las estrategias empresariales más efectivas es la diferenciación; es decir, ser percibidos como diferentes en el mercado de manera que los posibles clientes prefieran sus productos y servicios por percibirlos como distintos y mejores que los de las demás empresas. Para lograr la diferenciación, las empresas deben cambiar e innovar, adelantándose a los competidores antes de que ellos lo hagan.

Para fomentar el cambio y la innovación en las empresas, sus principales ejecutivos deben convertirse en líderes de estos procesos y propiciar una cultura que estimule la creatividad, la iniciativa, el cuestionamiento de lo existente, la cooperación, la colaboración, el trabajo de equipo y la experimentación. Esta cultura es prácticamente la opuesta de la que prevalece en la mayoría de las empresas, por lo que sus líderes tienen por delante el gran reto de modificar la cultura existente si quieren impulsar el cambio y la innovación.

4.2.1 El cambio organizacional

Es muy importante tener en cuenta, en la mayoría de las empresas, que no basta con fijarse objetivos y metas anuales progresivas y controlar su cumplimiento. Para sobrevivir en un entorno cambiante, una empresa debe cambiar.

Aunque casi todas las empresas en el mundo parecen estar en permanentes procesos de cambio, para responder a las grandes variaciones en el entorno, la verdad es que la mayoría de los esfuerzos de cambio fracasan, son demasiado costosos, demasiado arriesgados o lentos. Por esta razón, antes de iniciar cualquier proceso de cambio la organización debe estar muy segura de su necesidad y viabilidad.

Muchas empresas creen que la tecnología es el mayor impulsor del cambio. Sin embargo, la tecnología generalmente sólo provoca cambios superficiales. Los cambios deben ser integrales para que sean significativos. La fuerte interacción entre los componentes de la empresa requiere que en cualquier cambio organizacional de importancia se consideren todos los elementos: estrategia, estructura, sistemas, gente, habilidades organizacionales, estilo gerencial y cultura. La falla en considerar alguno de estos componentes y la interacción y armonía del conjunto puede resultar en el fracaso o en serias dificultades en el proceso de cambio.

El principal reto y la verdadera labor de un líder son provocar y dirigir la transformación que requieren las organizaciones modernas para sobrevivir, crecer y tener éxito. La capacidad de creación del cambio es quizás la habilidad más importante de un líder, pero también debe saber manejar o gerenciar el cambio necesario.

La gerencia del cambio, según John Kotter, profesor de la universidad de Harvard, supone el desarrollo secuencial de las siguientes actividades:

- Crear un sentimiento de urgencia
- Armar una poderosa coalición conductora
- Formular una visión apropiada
- Comunicar ampliamente la visión; eliminar los obstáculos para el cambio
- Producir suficientes resultados a corto plazo
- Consolidar las mejoras y producir más cambios
- Institucionalizar el cambio en la cultura corporativa

El desarrollo organizacional es una disciplina, creada principalmente por psicólogos, que tiene por objeto acompañar a las empresas en sus procesos de cambio. Se centra en las personas y los consultores de desarrollo organizacional procuran que las personas participen en los procesos de cambio, en lugar de permanecer pasivas o resistirse. Sus principales retos son, por consiguiente, las dificultades que las personas experimentan ante la frecuencia y la velocidad de los cambios actuales, el esfuerzo que requiere adaptarse a las innovaciones tecnológicas y la necesidad de trabajar con otras personas de culturas e idiomas diferentes.

4.2.2 La innovación

Innovación es la creación de cosas nuevas. Algunas innovaciones suponen la invención de cosas totalmente nuevas, pero la mayoría resultan de la combinación, alteración o variación de cosas existentes. La innovación está relacionada con la creatividad, pero más que una actividad exclusiva de genios inventores depende actualmente de la colaboración e integración del trabajo de muchas personas.

Las empresas de todo tipo innovan frecuentemente en la forma de relacionarse con sus clientes, de promocionar sus productos y servicios, de distribuir y vender, renovando simultáneamente su organización y sus sistemas y procesos de trabajo. Hasta los sectores que eran menos dispuestos al cambio, como los fabricantes de alimentos y bebidas, los restaurantes, las instituciones financieras y las universidades, también se han convertido en frecuentes innovadores.

Una empresa se convierte en innovadora cuando realiza cambios para mantenerse en el mercado. Ahora bien, ¿Cómo se logra eso? ¿Cómo una empresa que no está acostumbrada a realizar cambios comienza a hacerlos? Posiblemente el camino no sea el mismo para todas las empresas, pero generalmente se inicia con un estímulo externo: la empresa se da cuenta de que el entorno está cambiando y que existen amenazas para ella, particularmente de nuevos y mejores competidores. Pero para reaccionar hace falta un liderazgo capaz dentro de la empresa, que promueva el libre intercambio de ideas, cree un clima favorable al cambio y estimule la generación de proyectos de investigación y desarrollo, enmarcados en la estrategia de la empresa y realizados en estrecha consulta con los usuarios o consumidores.

A pesar de la importancia de la innovación, no todo puede ser nuevo. Las empresas reconocen esto y tratan siempre de proporcionar una mezcla adecuada de tradición e innovación que permita a sus clientes reconocer que se trata de la misma empresa y conservar así su lealtad. Para ello, muchas veces las empresas suelen esforzarse en seguir realizando sus actividades de acuerdo con los principios que establecieron sus fundadores. Perder la identidad puede tener consecuencias muy graves para una empresa.

4.2.3 La flexibilidad necesaria en las organizaciones

Las empresas exitosas saben que deben lograr un balance adecuado entre la tradición y la innovación, entre el corto y el largo plazo, entre la eficiencia y la creatividad, entre el orden y el cambio. Lograr el equilibrio necesario no siempre es fácil. Las mismas personas deben hacer todas esas cosas a la vez y sólo lo pueden lograr mediante la práctica y el mejoramiento continuo. Las organizaciones muy rígidas no favorecen esa flexibilidad y por ello se necesita que las empresas modernas faciliten la comunicación y el trabajo en equipo, por encima de las barreras organizativas y de las divisiones departamentales. La tecnología de la información puede facilitar este proceso, pero no es suficiente; los directivos de las empresas deben esmerarse en crear el ambiente necesario para que se facilite la generación y discusión de ideas, la transferencia de conocimientos, el aprendizaje colectivo y la experimentación. El respeto a las personas y a sus ideas, la tolerancia a los errores, la confianza entre todos los miembros de la organización y la actitud de servir cada vez mejor a los clientes son factores esenciales para que una empresa sea innovadora y sobreviva con éxito a las dificultades que le imponen la competencia y otros obstáculos del entorno en el que deben actuar.

4.3 LA INTERNACIONALIZACIÓN

Las empresas que desean crecer, como parte de su estrategia, generalmente deben considerar la internacionalización. Aunque la expansión internacional de sus operaciones parece una tarea difícil para algunas empresas, los beneficios y las oportunidades asociados a esa expansión son muchos. No solamente hay oportunidades de negocios, sino oportunidades para mejorar su calidad y eficiencia y un potencial enorme para descubrir e implementar nuevas tecnologías e innovaciones. La expansión internacional reduce los costos porque al aumentar el volumen se realizan economías de escala. La presencia en mercados más exigentes le ayuda a una empresa a mejorar la calidad de sus productos. La participación en el mercado global puede aumentar la preferencia de los clientes globales a causa de su disponibilidad, servicio y reconocimiento globales. Un enfoque de estrategia global aumenta la eficacia competitiva.

La globalización impone grandes retos a los gerentes de todas las empresas, particularmente las multinacionales. Los gerentes tienen que entender las complejidades de los negocios globales, concebir y ejecutar estrategias globales y desarrollar los nuevos enfoques analíticos y arreglos organizacionales en los cuales descansa su futuro competitivo.

A pesar de sus múltiples beneficios, la expansión del espacio geográfico a través de fronteras es muy probable que haga aumentar los costos de coordinación y se generen costos de barreras comerciales, de transporte y arancelarias; por otra parte, es posible que ocurra una pérdida de concentración en el cliente, por la necesidad de atender una base muy amplia y diversa de clientes. Adicionalmente, aunque el entorno globalizado de los negocios brinda muchas oportunidades, está menos protegido y conlleva muchos más riesgos, lo cual exige un análisis más detallado del entorno político, jurídico, económico, social y cultural de todos los países en los cuales se piensa desarrollar actividades.

En principio, las empresas no deben incursionar en países con bajo potencial de crecimiento del negocio, si no se tienen ventajas competitivas especiales. Si tienen esas ventajas, se deben aprovechar al máximo esos mercados para generar y suministrar fondos que permitan incursionar en países con alto potencial de crecimiento del negocio, donde puede haber mayores riesgos. Distintos países pueden desempeñar diferentes papeles estratégicos como parte de una estrategia global total.

Aunque en última instancia es la competitividad de una empresa la que determinará su éxito en los mercados internacionales, las empresas globales pueden beneficiarse al definir sus estrategias aprovechando las ventajas competitivas de las naciones en las que operan. La competitividad de una nación, en una determinada industria o sector de actividad económica, se ve favorecida si en el país prevalecen condiciones adecuadas de estrategia de las empresas y estructura de la industria y si existe una importante rivalidad o competencia interna. También contribuye a la competitividad de una industria en una nación la facilidad de acceso a las materias primas necesarias y la disponibilidad de mano de obra calificada, infraestructura y tecnología. Es además conveniente la existencia de una importante demanda local y de exigentes expectativas de los consumidores. Por otra parte, es de gran ayuda la presencia de adecuadas industrias relacionadas y de apoyo a la industria o sector de actividad económica en cuestión.

La expansión internacional se basa en información. Conocer como aprender a actuar en el mercado global es lo que permite a una empresa tener éxito en esta estrategia. Las empresas necesitan romper con los esquemas mentales a los que están acostumbrados en su mercado local, desarrollar la capacidad en su sede de manejar negocios internacionales, invertir en el desarrollo de capacidades gerenciales en sus unidades en el extranjero, compararse con los mejores y aprender de ellos y tener la confianza necesaria para confrontarlos y desafiarlos.

Las empresas globales con mayor diversidad de género y raza son más innovadoras, logran un mayor compromiso de sus empleados y superan financieramente a sus competidores. Para gestionar eficientemente la diversidad, los ejecutivos principales deben liderar con el ejemplo, hacerse cargo de las iniciativas de diversidad y fomentar la diversidad en toda la organización.

4.4 LOS PROYECTOS Y LA IMPLEMENTACIÓN DE LA ESTRATEGIA

La implementación de la estrategia de una empresa supone generalmente la ejecución de proyectos. Un proyecto es un conjunto de actividades interrelacionadas que se realizan con el propósito de lograr un producto u objetivo determinados. Por supuesto, hay proyectos relativamente simples, como abrir una nueva oficina o agencia, y proyectos mucho más complejos, como desarrollar un nuevo producto o una innovación tecnológica o llevar a cabo una reestructuración total de la empresa.

Pero, sean simples o complejos, todos los proyectos, para tener éxito, deben realizarse atendiendo ciertos principios comunes. Es necesario:

- Definir con precisión los objetivos del proyecto
- Determinar su factibilidad antes de iniciarlo
- Elaborar un plan que precise las actividades a realizar, su duración e interrelación y su costo
- Identificar los riesgos y definir las acciones a tomar para evitar que ocurran o para minimizar sus efectos si ocurren
- Designar un buen gerente y equipo de proyecto
- Controlar bien la ejecución hasta que se logren los objetivos previstos y concluya el proyecto

5 LA GENTE

5.1 LOS RECURSOS HUMANOS

El uso del término "recursos humanos" para designar a los empleados, la gente o el personal, como se decía antes, pareciera una equivocación. Equiparar a la gente y el trabajo que realizan en las empresas con recursos o factores de producción como el capital o la tierra tiene connotaciones ofensivas a la dignidad humana. Sin embargo, lamentablemente no se trata de una equivocación. Así es exactamente como se considera a las personas en las empresas. A pesar de una abundante retórica empresarial sobre la importancia de la gente y de investigaciones igualmente abundantes que demuestran la conveniencia de tratar a los empleados con respeto y hacerlos participar de la gestión, la realidad es que en muchas empresas, posiblemente la mayoría, las personas son vistas como un recurso desechable y trabajan bajo la amenaza de ser despedidas si no logran los resultados esperados, usualmente establecidos de manera arbitraria por gerentes incompetentes.

5.2 LA TEORÍA DE LAS RELACIONES HUMANAS

La principal aportación de la escuela o teoría de las

relaciones humanas, iniciada a fines de la década de 1920, fue la de crear conciencia sobre la importancia de los aspectos humanos en la gestión de las empresas. Aunque algunos autores, como Henri Fayol y Mary Parker Follett, por ejemplo, habían destacado antes la importancia de las buenas relaciones humanas para la marcha de la empresa, los experimentos realizados por Elton Mayo y su posterior concepción teórica demostraron de manera inequívoca que las personas no debían ser vistas como máquinas o simples recursos de producción, sino que al ser tratadas como seres humanos podían rendir más y trabajar más a gusto. Fayol era francés y su trabajo no fue conocido ni valorado en los Estados Unidos hasta mucho después de ser publicado y Follett, aunque estadounidense, era una trabajadora social, a la que se le había negado el acceso a Harvard por ser mujer. Mayo, en cambio, era un profesor de Harvard y al realizar los estudios de Hawthorne sus hallazgos adquirieron fama rápidamente.

Aparte de destacar la importancia de las personas en la productividad de las empresas, la teoría de relaciones humanas también subrayó la importancia de las relaciones informales. Hasta ese momento, se tenía la idea de que solo las relaciones formales verticales, es decir las órdenes emitidas por los superiores a los subordinados, eran de importancia en el proceso productivo. Los experimentos de

Hawthorne permitieron reconocer que las relaciones informales entre los empleados, al margen de las relaciones jerárquicas entre jefes y empleados, podían ejercer mucha influencia en el comportamiento y el rendimiento de los trabajadores.

Estos aportes iniciaron una corriente de estudio que se prolonga hasta nuestros días y se entiende actualmente como comportamiento organizacional, abarcando temas tales como motivación, compromiso, trabajo en equipo, manejo de conflictos, gestión de recursos humanos, poder y política en las organizaciones, liderazgo, etc. A partir de la teoría de las relaciones humanas las empresas entendieron que dependían del talento humano y las condiciones de trabajo de los empleados mejoraron mucho en la segunda mitad del siglo pasado. Lamentablemente, en este siglo (a pesar del discurso empresarial sobre la importancia de la gente) las personas viven sometidas a una gran presión por lograr más resultados, trabajan muchas horas y son amenazadas con ser despedidas si las cosas no van bien a juicio de los directivos (aunque sea por culpa de ellos mismos).

5.3 EL COMPORTAMIENTO ORGANIZACIONAL

5.3.1 El comportamiento organizacional

Comportamiento organizacional es el estudio de la conducta de las personas en las organizaciones, con el objeto de mejorar el funcionamiento de esas organizaciones. Aunque no es una distinción utilizada universalmente, se suele distinguir entre "micro" y "macro" comportamiento organizacional. "Micro" se entendió inicialmente como el estudio de los individuos y los grupos y "macro" el estudio de la organización como un todo. Sin embargo, a medida que se fue tomando conciencia de que las organizaciones modernas funcionan como sistemas abiertos y, por lo tanto, su comportamiento está muy influenciado por el entorno, el término "micro" se fue aplicando al estudio del comportamiento organizacional relacionado principalmente con variables internas (la personalidad, la motivación, la dinámica de grupos, la estructura, la cultura organizacional, los procesos de poder y política, etc.) y el término "macro" se reservó para la influencia del entorno (globalización, tecnología, fuerzas socio-culturales, fuerzas políticas y legales, etc.) sobre el comportamiento organizacional.

5.3.2 El micro comportamiento organizacional

5.3.2.1 Los individuos y el comportamiento organizacional

Las acciones de los individuos determinan en gran medida el comportamiento organizacional. Las organizaciones pueden tratar de condicionar ese comportamiento mediante políticas y normas que establezcan lo que se puede y lo que no se puede hacer, pero es prácticamente imposible regular todo, especialmente en una empresa grande. La discrecionalidad de los individuos, su mayor o menor compromiso con la organización, sus aptitudes y actitudes y otras variables del comportamiento individual siempre estarán presentes e influirán sustancialmente en el comportamiento organizacional.

Sin embargo, las personas muchas veces modifican su comportamiento al trabajar en grupo e incluso al trabajar en una organización determinada, por lo que el resultado viene siendo una interacción compleja entre los individuos, los grupos y la organización. Quizás el mayor efecto moderador se relaciona con la cultura de la organización. En los Estados Unidos, por ejemplo, suele predominar una cultura vertical muy fuerte, en la que se espera que las personas actúen, sin discusión, siguiendo las directrices, las normas y las políticas establecidas arriba, cediendo toda o gran parte de su iniciativa, creatividad y libertad. Esto es un reflejo de la cultura del país, en el que se espera que todo el mundo cumpla con las leyes, sean estas lógicas o no.

5.3.2.2 Los grupos y el comportamiento organizacional

Los grupos son importantes para la investigación sobre comportamiento organizacional porque son las células fundamentales de la organización. El grupo es a la organización como la familia a la sociedad. Así como para estudiar el comportamiento social es necesario estudiar la familia y averiguar cómo esta influye en el comportamiento de los individuos e influye, por lo tanto, en el comportamiento social general, para estudiar el comportamiento organizacional es necesario estudiar los grupos y averiguar cómo estos influyen en el comportamiento de las personas e influyen, por lo tanto, en el comportamiento organizacional general. Quizás la noción de grupo se esté desdibujando un poco en las organizaciones virtuales modernas, en las que los individuos pertenecen a varios grupos que se hacen y se deshacen continuamente, pero todavía existen numerosas organizaciones tradicionales en las que las personas trabajan en grupos bastante bien definidos y relativamente permanentes, en los que surgen relaciones y se crean subculturas algunas veces diferentes de la cultura organizacional general.

5.3.2.3 Las organizaciones y el comportamiento organizacional

Las organizaciones influyen en el comportamiento organizacional a través de la cultura y a través de las normas. Tanto la cultura (de manera informal) como las normas (de manera formal) establecen lo que se puede y lo que no se puede hacer en la organización; es decir, establecen como debe ser el comportamiento de los individuos dentro de la organización. Por supuesto, en algunas organizaciones más que en otras, los individuos tienen un cierto grado de libertad para comportarse de una manera algo diferente a como se espera que se comporte todo el mundo y sin duda lo hacen. Estas diferencias de comportamiento, de aquellos que se atreven a hacerlo, van modificando gradualmente, junto con la experiencia colectiva, la cultura de la organización.

5.3.2.4 El poder, la influencia y el comportamiento organizacional

Los estudios sobre el poder y la influencia han tenido mucho impacto en los estudios sobre comportamiento organizacional debido, en primer lugar, a que han puesto de manifiesto que en todas las organizaciones (empresas, sindicatos, iglesias, universidades, etc.) existe una lucha por el poder similar a la que se da en la sociedad en general; es decir, la política, o lucha por el poder, no es muy distinta en ninguno de esos ámbitos. Por otra parte, los estudios sobre el poder y la influencia muestran que estos pueden utilizarse para sugerir o imponer formas de comportamiento en las personas. Por ejemplo, el presidente o CEO puede establecer una estrategia y la forma de implementarla, orientando la actuación de las personas en una determinada dirección, y puede imponer premios o sanciones que incentiven o desestimulen ciertas conductas; y una persona con poder o influencia informal puede inducir a otras a apoyar una determinada posición, modificar su actitud hacia alguien o hacia algo, rechazar la autoridad de alguien que tiene un cargo formal en la organización, aceptar o rechazar un cambio propuesto, etc.

5.3.3 El macro comportamiento organizacional

5.3.3.1 El macro comportamiento organizacional

El "macro comportamiento organizacional" se orientó inicialmente, en la década de 1970, hacia el estudio de los efectos de la estructura, la cultura y el cambio organizacional sobre el comportamiento de las personas en la organización. Más adelante, a medida que se fue reconociendo el carácter de sistema abierto de las organizaciones modernas, la interacción entre la organización y el entorno se convirtió en la principal perspectiva contemporánea para el estudio del "macro comportamiento organizacional".

5.3.3.2 El entorno y el comportamiento organizacional

Aunque el mundo nunca ha sido estable, no hay duda de que los cambios se aceleraron desde la última década del siglo pasado. Hasta la década de los 80, aunque ya se reconocía que las organizaciones eran sistemas abiertos y, por lo tanto, susceptibles de la influencia del entorno, los cambios externos eran graduales y, por consiguiente, en lo que respecta al comportamiento organizacional se consideraba que este dependía principalmente de variables internas. La irrupción de las fuerzas de la globalización y de la tecnología, en la década de los 90, transformó radicalmente esa perspectiva, generando cambios importantes en el ambiente social, cultural, económico, político y legal de las organizaciones y haciendo que los investigadores del comportamiento organizacional se interesasen cada vez más por la influencia de factores externos en ese comportamiento.

5.3.3.3 Los cambios demográficos y el comportamiento organizacional

Son muchos los efectos que tienen los cambios demográficos en el comportamiento organizacional, entre ellos:

- El envejecimiento de la fuerza de trabajo. Las personas viven y se mantienen activas ahora por más tiempo y se puede aprovechar su experiencia, pero se les hace más difícil adaptarse a los cambios y se crean tensiones con los empleados más jóvenes, que tienen grandes diferencias con ellos de costumbres y valores
- La diversidad cultural. Es positiva en cuanto permite aprovechar diferentes perspectivas al manejo de los problemas en las empresas y facilita la adaptación a los negocios internacionales, pero es también causa de tensiones por diferencias de costumbres, idiomas, religión, ideología, etc.
- El incremento de la proporción de mujeres en los puestos de trabajo. Tiene la ventaja de

incorporar perspectivas y enfoques distintas a las masculinas, pero es causa de tensiones no solo por las diferencias usuales en el comportamiento de ambos géneros sino por las injusticias que se suelen cometer con respecto a la compensación y la promoción de las mujeres

5.3.3.4 La globalización y el comportamiento organizacional

La globalización, al provocar un mayor acercamiento e interacción entre los países y sus ciudadanos, influye también sobremanera en el comportamiento organizacional. Los empleados de casi cualquier organización se han visto en la necesidad de interactuar con personas diferentes en raza, idioma, cultura, religión, ideología, etc.

Aparte de la diversidad, otro efecto importante de la globalización ha sido la intensificación de la competencia, con el resultado de la desaparición de muchas empresas y también la disminución de oportunidades de empleo, tanto por el cierre de empresas como por la necesidad de las que permanecen de aumentar la eficiencia y la productividad. Estas consecuencias de la globalización han provocado que los empleados teman perder sus puestos y trabajo y deban, además, trabajar más horas, lo cual, unido a la necesidad de trabajar con personas diferentes, deriva usualmente en un mal clima organizacional.

Es difícil separar los efectos de la globalización y los cambios demográficos, tecnológicos, políticos, económicos y sociales sobre el comportamiento organizacional. Todos estos cambios interactúan entre ellos e influencian de manera muy compleja el funcionamiento de las empresas y el comportamiento de sus empleados. Lo cierto es que la velocidad de los cambios se ha intensificado en las tres últimas décadas y posiblemente el impacto mayor sobre el comportamiento organizacional ha sido precisamente el cambio constante. Las personas han tenido que adaptarse a cambiar continuamente el modo de trabajar y la forma de relacionarse con los demás.

5.3.3.5 La tecnología y el comportamiento organizacional

Las tecnologías de información y comunicación impactan el comportamiento organizacional de diversas maneras. Por una parte, alivian el trabajo de las personas (eliminando muchas tareas rutinarias y acelerando la ejecución) y facilitan la comunicación entre los empleados y relacionados donde quiera que se encuentren. Sin embargo, hacen que las personas trabajen más horas (debido, entre otros factores, a la necesidad de comunicarse con personas en diferentes husos horarios y al uso del computador y del celular 24/7), deshumanizan el ambiente de trabajo (las personas pasan más tiempo frente al computador que en contacto personal directo con sus colegas, incluso muchas veces inexistente) y crean tensiones en la fuerza laboral (debido a las diferencias de adaptación a los cambios tecnológicos, particularmente entre las personas de mayor y de menor edad).

Las tecnologías de producción, principalmente las relacionadas con la automatización, también facilitan la ejecución de los trabajos, pero tienen el problema de que generalmente provocan una disminución de la fuerza laboral y los empleados que se quedan suelen sentir negativamente la pérdida de sus compañeros, sobre todo si han trabajado con ellos mucho tiempo y establecido fuertes lazos de amistad.

5.3.3.6 Las fuerzas socio- culturales y el comportamiento organizacional

Quizás la religión sea la más importante de las fuerzas socio- culturales en lo que respecta al comportamiento de las personas en sociedad y, por lo tanto, en lo que respecta al comportamiento organizacional. Aunque no todas las personas de un país practican una religión determinada, la mayoría se adapta a las costumbres que la práctica religiosa ha establecido donde viven. Desde el punto de vista de las religiones se pueden establecer las siguientes regiones culturales en el mundo: cristianismo protestante (Estados Unidos, Reino Unido y Escandinavia), cristianismo católico (América Latina y Europa Occidental, Oriental y Mediterránea), islamismo (Asia Occidental, norte de África y sur de Asia), hinduismo (India), budismo (Asia Oriental) y animismo (África Occidental y Meridional).

En la cultura estadounidense (predominantemente protestante) suele haber una corta distancia al poder (los superiores son accesibles), predomina el individualismo sobre el colectivismo, las personas son muy reservadas, hay mucha necesidad de reglas y leyes, existe una gran admiración por el éxito, se espera que el esfuerzo produzca resultados inmediatos, los objetos materiales son muy importantes para el estatus y el tiempo libre y las amistades son poco importantes, entre otras características. En la cultura latinoamericana (predominantemente católica) las características son generalmente opuestas a las de esa otra cultura. La diferencia en las fuerzas socio- culturales de estos dos entornos genera entonces comportamientos individuales y organizacionales que son prácticamente antagónicos. Conciliar esas diferencias de comportamiento en empresas con empleados de esas dos culturas es, pues, un gran reto para sus gerentes.

5.3.3.7 Las fuerzas político- legales y el comportamiento organizacional

Ninguna organización puede aislarse de su entorno e ignorar lo que pasa en él, incluyendo la política y las leyes. La política y las leyes afectan a todas las personas y a todas las organizaciones.

El debate político no termina en las puertas de la organización o empresa y los empleados lo trasladan a su interior constantemente, bien sea por discutir con otros con respecto a la actitud que se debe tener ante el gobierno o ante los problemas políticos o simplemente por oponerse a las ideas políticas de otros y defender las suyas.

Las leyes también generan debates internos, cuando se trata de leyes de naturaleza política, o producen cambios en la conducta de las personas por tener que adaptarse a las nuevas regulaciones. Algunos cambios legales inciden aún más directamente en las relaciones interpersonales dentro de la organización, como son los que se refieren a la discriminación y el acoso sexual; las personas deben ser mucho más prudentes para evitar ser vistas o incluso acusadas por comentarios o comportamientos ofensivos hacia los demás.

5.4 LA MOTIVACIÓN

Se han propuesto muchas teorías sobre la motivación. Las más conocidas relacionan la motivación con la satisfacción de necesidades del individuo. Sin embargo, la verdadera motivación ocurre cuando uno hace algo que le gusta y/o hace algo que piensa que vale la pena. Muchas veces no resulta fácil permitir en las empresas que los empleados trabajen en lo que les gusta o en lo que sientan que valga la pena, pero si no se logra esto difícilmente se tendrán personas motivadas.

La motivación está compuesta por los estímulos y recompensas requeridos por las personas para satisfacer sus necesidades de supervivencia y autorrealización. La motivación es esencial para que el gerente o líder logre incidir y entusiasmar a los demás para alcanzar objetivos comunes.

Para lograr la motivación de las personas en la empresa, es necesario reconocer que el ser humano posee necesidades superiores de realización personal y crecimiento, y que éstas sólo se satisfacen después de haber atendido a las básicas, sean estas existenciales o fisiológicas. Entre los principales factores de motivación de los empleados se

encuentran los siguientes:
- Trabajo interesante y que presenta desafíos para la persona
- Remuneración adecuada al trabajo ejecutado
- Oportunidades de progreso en la empresa
- Proyección y prestigio social como consecuencia del trabajo hecho
- Reconocimiento del superior y de los compañeros de trabajo

No todas las personas se motivan de la misma manera. Se distinguen distintos tipos de motivaciones fundamentales del ser humano (motivación al logro, motivación de poder, motivación de afiliación), pero en todos los casos las personas necesitan sentirse útiles y recibir reconocimiento por su trabajo y los gerentes deben crear un ambiente en el que todos los miembros puedan contribuir al máximo de su capacidad. Cuando los gerentes tienen confianza en la gente y esperan que ellos estén motivados, la gente parece responder adecuadamente a las expectativas.

Cada persona sabe lo que quiere del trabajo y de la vida y a medida que las organizaciones entiendan mejor esas necesidades y respondan a ellas, podrán esperar una mayor motivación de sus miembros. Aunque no existe una teoría "correcta" de la motivación, que pretenda abarcar las necesidades de todas las personas en todas las circunstancias, hoy se reconoce que el éxito de la empresa depende de la participación de la gente y que los gerentes deben delegar poder (empowerment), de modo que todos contribuyan a realizar el trabajo.

Es necesario permitirles a los empleados tomar decisiones que afectan al cliente y al servicio al cliente sin necesidad de buscar la aprobación previa. Para hacer esto posible, los gerentes superiores no sólo deben estar dispuestos a ceder parte de su toma de decisiones cotidianas, sino que también deben asegurarse de que los empleados en los niveles apropiados tengan acceso a toda la información que necesita para tomar decisiones informadas. La clave para el futuro es la comunicación.

5.5 LOS EQUIPOS

Aunque se habla mucho de trabajo de equipo, realmente son pocos los grupos de trabajo que realmente funcionan como equipos. Un grupo de trabajo puede llamarse equipo cuando sus miembros poseen cualidades complementarias y están dispuestos a colaborar y cooperar entre ellos para lograr objetivos comunes, bajo la dirección de un líder competente. Sin embargo, reunir todos esos requisitos no es algo fácil de lograr.

Muchas veces los miembros de los grupos de trabajo no son bien escogidos, ni en lo que se refiere a la complementariedad de sus cualidades ni en lo que respecta a su disposición y capacidad para colaborar y cooperar con otros. De la misma manera, muchos líderes de grupos de trabajo no son realmente lideres; es decir, no son capaces de inspirar confianza entre los miembros del grupo ni de dirigirlos adecuadamente hacia el logro de metas comunes. Pero quizás lo que más atenta contra la formación y el éxito de un equipo es la práctica empresarial de evaluar el desempeño de cada empleado con base en resultados individuales y no colectivos; los conflictos de intereses que resultan de la adopción de esta práctica simplemente hacen que nadie tenga interés de colaborar o cooperar con otro, pues no hay nada que incentive a hacerlo y, por el contrario, puede descuidar el logro de sus objetivos individuales si se pone a ayudar a otros.

5.6 EL APRENDIZAJE ORGANIZACIONAL Y LA GESTIÓN DEL CONOCIMIENTO

Para tener éxito, las organizaciones deben ser capaces de aprender nuevos conocimientos, con dos fines: mejorar y transformarse. Según Peter Senge, las organizaciones de aprendizaje son "organizaciones donde las personas desarrollan constantemente su capacidad de crear los resultados que realmente desean obtener; donde pueden crecer nuevas formas de pensar; donde existe aspiración colectiva; y donde la gente aprende continuamente". Las empresas pueden aprender de ellas mismas, del entorno y de socios o aliados.

Las organizaciones que aprenden deben desarrollar habilidades y procesos específicos para mejorar e incrementar el nivel de conocimientos de sus empleados y utilizar eficientemente ese potencial en el logro de los objetivos de la organización (gerencia del conocimiento). La gerencia del conocimiento puede ser entendida como el conjunto de procesos que facilitan el acceso y el uso oportuno del conocimiento que reside en las personas y/o en la estructura informacional de las organizaciones para generar valor, mediante la solución de problemas, aumentos de productividad, mejoras en calidad, innovaciones en los productos, servicios o factores de producción. Las actividades normalmente contenidas en un proceso de gerencia del conocimiento son las siguientes:

- Capturar, crear, codificar y organizar el conocimiento, tanto tácito como explícito, en sus diferentes formas, de manera que los usuarios puedan acceder fácilmente a él
- Transferir, aplicar y mejorar el conocimiento, a través de múltiples vías, dependiendo del tipo de

conocimiento involucrado, de manera que se traduzca en la materialización de propuestas de valor y en mejoramiento continuo
- Preservar, proteger, medir y evaluar el impacto y la eficiencia de la gestión del conocimiento en la agregación de valor

Aunque no se debe convertir la gerencia del conocimiento en un proyecto de tecnología de información, es necesario reconocer que hay una gran cantidad de herramientas tecnológicas que se pueden utilizar para apoyar la gerencia del conocimiento. Entre ellas podemos distinguir tres grandes categorías:

- Repositorios de información (bibliotecas digitales, servicios de información en línea, sistemas manejadores de documentos)
- Directorios de recursos (bases de datos de expertos, mapas integrados de conocimiento)
- Herramientas colaborativas (correo electrónico, foros virtuales de discusión, etc.)

Las comunidades de práctica son herramientas sociales para compartir conocimiento en las organizaciones; sin embargo, la gerencia del conocimiento prospera en un ambiente caótico, tratar de controlarlo sería demasiado rígido y truncaría su crecimiento.

5.7 LA POLÍTICA

En las empresas, como en el gobierno y en todas las demás organizaciones humanas, hay lucha por el poder, es decir hay actividad política. Muchas personas tratan de escalar posiciones, no siempre para ayudar a la empresa a resolver sus problemas y lograr mejores objetivos, sino simplemente para tener más poder. En esa lucha por el poder, algunos quieren jugar limpio; es decir, tratan de convencer a otros, respetan a todos los demás participantes y actúan de manera transparente y honesta. Pero hay otros que mienten, engañan y tratan de deshacerse de sus rivales por todos los medios posibles. Cada uno debe elegir los métodos que emplea para participar en política, pero las personas honestas que se decidan a adquirir y usar el poder, en las empresas o en cualquier otro ámbito, deben intentar hacerlo con los métodos que consideren dignos y apropiados, aunque muchos otros no lo hagan.

6 LA ESTRUCTURA

6.1 EL DISEÑO ORGANIZACIONAL

6.1.1 Los criterios de diseño organizacional

No existe una manera única ni mejor de diseñar una organización. El diseño debe ser apropiado a la organización de la que se trata, tomando en cuenta los siguientes aspectos:

- La estructura debe armonizar con los demás elementos o componentes de la empresa (estrategia, tecnología, sistemas, gente, gerencia, cultura, etc.)
- La estructura debe ser apropiada al tamaño de la empresa
- La estructura debe tomar en cuenta el tipo de empresa, los distintos negocios en los que pueda estar involucrada, sus productos y servicios, las áreas geográficas en las que opera, etc.
- La estructura es importante pero generalmente no es el factor determinante del éxito o el fracaso de la empresa

6.1.2 La estrategia y el diseño organizacional

La estrategia precede al diseño y es este el que debe alinearse con la estrategia. Una vez que la empresa define lo que quiere y como lo piensa lograr es que puede diseñar o rediseñar la organización para que esta responda a la estrategia y permita implementarla con efectividad. Por ejemplo, si la estrategia de la empresa es la diversificación o la internacionalización, debe modificar su diseño de manera que existan unidades o departamentos responsables de los distintos negocios o productos relacionados con la diversificación o con las distintas regiones geográficas relacionadas con la internacionalización. De la misma manera, si la estrategia de la empresa es tener una mejor relación con sus clientes, debe entonces modificar su diseño para que existan unidades o departamentos responsables de cada grupo de clientes y debe adoptar tecnologías que le permitan mejorar sus relaciones con los clientes o consumidores. Si la estrategia de la empresa es la innovación, entonces debe procurar que su estructura, normas y procedimientos favorezcan el libre intercambio de ideas e iniciativas, sus gerentes promuevan la discusión y la experimentación, sus empleados participen y se adapten fácilmente a los cambios y que existan unidades o grupos dedicados a la investigación y el desarrollo.

6.2 LA ESTRUCTURA ORGANIZACIONAL

Estructura organizacional es la manera en que se dividen, organizan y coordinan las actividades de una organización. La mejor estructura organizacional para una empresa es la que mejor se adapte a las características propias de esta. La razón es que una empresa es un sistema; es decir, un conjunto de partes que interactúan entre ellas para lograr un propósito determinado. Esas partes, en el caso de una empresa, han sido definidas, en el modelo de McKinsey o de las 7S, como competencias, cultura, estrategia, estructura, gente, gerencia y sistemas. Todas estas partes deben armonizar entre ellas para que la empresa, como un todo, pueda funcionar debidamente.

Además de estas consideraciones fundamentales, la mejor estructura organizacional para una empresa depende principalmente de su tamaño, diversidad de productos o servicios, ámbito geográfico y tipo de sector al que pertenece:

- Si una empresa es pequeña o mediana, probablemente le convenga más una estructura funcional (departamentos de mercadeo y ventas, operaciones, finanzas y recursos humanos). Solo las empresas grandes necesitan generalmente de una organización más complicada.

- Si una empresa tiene muchos productos o servicios, puede convenirle agruparlos por categorías y crear departamentos de operaciones para cada una de ellas y quizás eventualmente unidades de negocio o empresas distintas.
- Si una empresa actúa en varios países, puede comenzar por crear un departamento para manejar sus negocios internacionales y eventualmente crear filiales o subsidiarias para manejar el negocio en cada país o región en la que actúa.
- Dependiendo del sector o industria en la que actúa, a una empresa puede convenirle adoptar una estructura similar a la de otras empresas del mismo sector o industria. Por ejemplo, los bancos, las empresas petroleras y las empresas de electricidad suelen tener estructuras similares a las de las demás empresas del sector o industria respectiva.

Con frecuencia, las empresas creen que la solución a sus problemas está en un cambio de estructura, pero usualmente la falla está en otra parte (estrategia, gerencia, gente, procesos y sistemas, etc.). Es decir, la estructura es importante y debe ser la adecuada a las características de la empresa, pero no es conveniente cambiarla continuamente suponiendo que con eso la empresa funcionará mejor. En las últimas décadas la mayor atención en el diseño organizacional ya no está dirigida a las estructuras sino hacia el diseño basado en los procesos, que ofrece un énfasis mucho mayor en la producción y los usuarios.

6.3 LA REINGENIERÍA

Las ventajas y desventajas de la reingeniería dependen mucho de como se la aplique. Si la reingeniería se entiende como una revisión de los procesos de la empresa, puede ser de mucha utilidad para mejorar lo que se está haciendo. Pero si se interpreta la reingeniería como "borrón y cuenta nueva", es decir como volver a crear la empresa partiendo de cero, como se entendió mucho en los 90s, puede ser un desastre, como en efecto lo fue. Una empresa es un organismo vivo, constituido por personas, que no pueden ser vistas como piezas desechables y eliminadas o reemplazadas por otras, sean o no más competentes, sin que el organismo se vea seriamente afectado. Es como si quisiéramos hacer de nuevo a nuestra familia y eliminásemos a todas aquellas personas que no encajen en nuestra nueva visión de la familia. Por consiguiente, la reingeniería puede ser muy negativa, si implica despidos masivos y transformación radical de la empresa, afectando a las personas que trabajan en ella. En cambio, puede ser positiva si se la limita a una revisión de los procesos de la empresa, con la intención de mejorarlos, procurando solo cambios menores o al menos graduales que afecten menos a las personas.

7 LA TECNOLOGÍA

7.1 LOS SISTEMAS DE INFORMACIÓN

Los sistemas, en general, son el conjunto de actividades secuenciales y preestablecidas que ordenan procesos o funciones de una organización. En este sentido, se consideran los sistemas de planificación, presupuesto, mercadeo, producción, mantenimiento y administración de personal, entre muchos otros. Sin embargo, el término está también muy asociado a los sistemas de información, que en definitiva constituyen la base o el soporte para el funcionamiento de todos los demás sistemas.

Las empresas disponen de una serie de sistemas de información comerciales que pueden adquirir e instalar de forma aislada, para realizar o apoyar procesos específicos, o pueden aprovechar los recursos tecnológicos disponibles a través de sistemas integrados de información o sistemas de planificación de recursos de la empresa (ERP). Estos sistemas son un conjunto de módulos de programas de computación que permiten la automatización y el enlace de funciones de la organización tales como finanzas, compras, recursos humanos, producción y distribución, entre otras.

El éxito empresarial depende cada vez más de la capacidad de sus sistemas para captar, procesar y utilizar información tanto interna como externa. Las empresas están evolucionando de simples negocios a negocios electrónicos (e-business), caracterizados por la realización de todas sus operaciones a través de internet, intranets o extranets, enlazando permanentemente a sus empleados, clientes y proveedores. El e-business promete incrementar significativamente la eficiencia de las empresas, mejorar sus comunicaciones, reducir sus costos y acercarlas a sus clientes.

A pesar de sus extraordinarias ventajas y hasta la necesidad de disponer de modernas tecnologías de información, la inversión necesaria en equipos y sistemas de computación es alta, así como el costo de las licencias de utilización del software y el costo del adiestramiento de los empleados para utilizar adecuadamente las nuevas tecnologías, planteando a los gerentes un reto importante a su habilidad para aprovechar eficientemente estos recursos.

Adicionalmente, los gerentes confrontan recientemente problemas importantes relacionados con amenazas a la seguridad de los sistemas y la protección de los datos de las empresas y de los datos de sus clientes. La seguridad y la privacidad se han sumado, de manera significativa, a los distintos aspectos que complican la gestión de los sistemas de información.

7.2 LAS NUEVAS TECNOLOGÍAS

Las nuevas tecnologías, en particular la inteligencia artificial, redefinirán la gerencia. Los gerentes que quieran ser efectivos en el futuro deberán apoyarse en la inteligencia artificial en todas sus actividades, entre ellas la formulación de estrategias, el seguimiento, la coordinación, el control y la toma de decisiones. Deberán tratar a las máquinas inteligentes como sus colegas y trabajar como diseñadores, promoviendo la creatividad de los demás. También deberán fortalecer sus habilidades sociales y de relación, para las cuales la inteligencia artificial será de menos apoyo.

BIBLIOGRAFÍA

Anand, N. y Daft, R. L. (2007). What is the right organizational design? Organizational Dynamics, Vol. 36, No. 4, pp. 329–344

Cortina, A. (2010). Ética y responsabilidad social en un mundo globalizado. Conferencia dictada el 4 de junio de 2010

Dolan, S.L. y Raich, M. (2010). La gestión de las personas y los recursos humanos en el siglo XXI: cambio de paradigmas, roles emergentes, amenazas y oportunidades. Revista de Contabilidad y Dirección, Vol. 10, año 2010, pp. 35-52

Drucker, P. F. (2004). ¿Qué hace eficaz a un ejecutivo? Harvard Business Review, Junio 2004, pp. 2- 7

Fernández Sánchez, E. (2002). Dirección estratégica: Una síntesis. Investigaciones Europeas de Dirección y Economía de la Empresa, Vol. 8, No. 1, 2002, pp. 13-38

Franklin Fincowsky, E. B. (2011). Toma de decisiones empresariales. Contabilidad y Negocios (6) 11, 2011, pp. 113-120

Handy, C. (2002). ¿Para qué son los negocios? Harvard Business Review, reimpresión, agosto 2005, pp. 1-7

Herzberg, F. (1968). Una vez más: ¿cómo motiva usted a sus empleados? Harvard Business Review, January- February 1968, pp. 13- 22

Johns, G. (2006). The essential impact of context on organizational behavior. Academy of Management Review, 2006, Vol. 31, No. 2, pp. 386- 408

Kolbjørnsrud, V., Amico, R. y Thomas, R. J. (2016). How artificial intelligence will redefine management. Harvard Business Review, November 2, 2016

Kotter, J. (1990). Lo que de verdad hacen los líderes. Harvard Business Review, reimpresión, noviembre 2005, pp. 17-25

Kotter, J. (1995). Liderar el cambio: por qué fracasan los intentos de transformación. Harvard Business Review, reimpresión, enero 2007, pp. 83- 90

Martin, R. L. y Golsby- Smith, T. (2017). Management is much more than a science: The limits of data-driven decision making. Harvard Business Review, September-October 2017, pp. 129- 135

Miller, C. C. y Ireland, R. D. (2005). Intuition in strategic decision making: Friend or foe in the fast-paced 21st century. Academy of Management Executive, 2005, Vol. 19, No. 1, pp. 19-30

Mintzberg, H. y Lampel, J. (1999). Reflecting on the strategy process. Sloan Management Review, Spring 1999, pp. 21- 30

Pfeffer, J. y Veiga, J. F. (1999). Putting people first for organizational success. The Academy of Management Executive, May 1999 v13 i2 p37(1)

Porter, M. (1996). ¿Qué es la estrategia? Harvard Business Review, noviembre- diciembre 1996 (reimpresión en diciembre 2011, pp. 100- 117)

Rodríguez, C. A. (2001). Fayol's 14 principles of management then and now: a framework for managing today's organizations effectively. Management Decision, 2001; 39, 10, pp. 880- 889

Silva, A. (2005). Un modelo para la innovación en la empresa. Anales de la Universidad Metropolitana, Vol. 5, N° 2 (Nueva Serie), 2005: 75-88

www.ingramcontent.com/pod-product-compliance
Lightning Source LLC
Chambersburg PA
CBHW022108170526
45157CB00004B/1544